RECHERCHES

HISTORIQUES.

(Par l'Abbé Legros)

RECHERCHES
HISTORIQUES

SUR

L'ÉGLISE PAROISSIALE

DE

SAINT-MICHEL-DES-LIONS,

DE LA

VILLE DE LIMOGES.

A LIMOGES,

chez J.-B. BARGEAS, Imprimeur-Libraire, rue Ferrerie.

1811.

RECHERCHES HISTORIQUES

Sur l'Église Paroissiale de Saint-Michel-des-Lions, de la Ville de Limoges.

L'AUTEUR des *Annales du Limousin* (1) croit que c'est du temps de Saint *Rurice II*, notre Évêque, mort vers le milieu du sixième siècle, que fut bâtie l'Église de *Saint-Michel-des-Lions* de Limoges ; mais il ne nomme pas son Fondateur : il avoue même *qu'on ne peut en rien produire d'assuré.*

Tout ce que nous savons de certain, sur cette Église, c'est que, dès son origine, ou, du moins, depuis que Saint *Loup*, un autre de nos Évêques, l'eut donnée à Saint *Martial*, (2) elle fut sou-

---

(1) Bonavent. de S. Amable, *Hist. de S. Martial*, t. 3. p. 180. col. 1.

(2) *MSS.* 5257. *Biblioth. Reg. apud* Nadaud, *Pouillé mss.*

mise à l'ancien Clergé, puis aux Moines, et enfin au Chapitre Collégial et à l'Abbé de l'Église de ce Saint Apôtre, dans la même Ville.

Il est également certain qu'il y a eu une ancienne Église de Saint-*Michel-des-Lions*, différente de celle qui existe actuellement, et qui ne date que du XIVe siècle, comme nous le dirons dans la suite.

Mais, encore une fois, quelle a été l'origine de cette ancienne Église ? Nous ne pouvons guères en parler que par conjectures : voici celle qui nous paroît la plus plausible.

Une inscription païenne, et les sépultures en quantité (1) qui se voyoient sur le local où étoit naguères l'Abbaye de *Saint Martial*, ne permettent pas de douter que ce lieu ne fût anciennement

_____

(1) Nadaud, *Pouillé mss.*

le Cimetière commun des habitans de Limoges, sur-tout du temps de la domination des Romains dans ce pays ; temps auquel l'ancienne Ville de Limoges étoit toute bâtie sur le penchant de la colline qui borde la rivière de Vienne, comme il seroit facile de le prouver. Or, chez les Romains, une des Lois des *Douze Tables* défendoit les sépultures dans l'enceinte des Villes : *Hominem in Urbe ne sepelito, neve urito.* A cette époque, le lieu où fut inhumé Saint *Martial* étoit hors de la ville ; et la ville actuelle, jadis appelée *le Château de Limoges*, n'existoit pas alors.

Le local de l'Abbaye et de l'Église de Saint *Martial* étant donc, dans ces premiers temps, celui du Cimetière commun des habitans de Limoges, ce Cimetière fut apparemment, dans la suite, augmenté sur la hauteur, sur-tout lorsque les miracles sans nombre, qui se faisoient

autour du sépulcre de Saint *Martial*, ayant
engagé plusieurs particuliers à bâtir et à
s'établir aux environs, pour procurer aux
Pélerins, qui y affluoient en grand nombre, les commodités de la vie, ils eurent
donné par-là naissance au Château, ou
à la nouvelle Ville.

Il parut, sans-doute, alors nécessaire
de porter le Cimetière sur la hauteur,
afin que le mauvais air des cadavres n'in-
fectât pas les habitans de ce nouveau
Quartier; et c'est aussi sans-doute alors,
qu'on bâtit dans ce Cimetière élevé, une
Chapelle de Saint *Michel.* Car on avoit
coutume (1) de bâtir des Chapelles en
l'honneur de ce Saint Archange, dedans,
ou proche les Cimetières. Saint *Michel* y
étoit réclamé, communément, par rap-
port au Jugement dernier, dont on a cru
qu'il seroit le signal. L'Oratoire de ce
Saint

(1) Lebeuf, *Hist. de Paris*, t. 1. p. 77. 230. 232.

Saint étoit l'Oratoire ordinaire des Cimetières publics des Chrétiens, qui,
souvent, étoient accompagnés de cryp-
tes, ou de souterrains.

Dans cette hypothèse, il n'est pas in-
croyable que cette Chapelle de Saint
Michel ait appartenu à l'ancien Clergé
de l'Église de Saint *Martial*, sur-tout,
s'il est également vrai que, comme je
l'ai observé plus haut, Saint *Loup*, qui,
avant son Épiscopat, avoit été membre
de ce Clergé, l'ait donnée, étant Évêque,
à Saint *Martial*.

On peut croire aussi qu'on y avoit
établi un Chapelain, qui, dans la suite,
devint le Curé des habitations qui se for-
mèrent insensiblement autour de la Chapelle, et sur le local même du Cimetière,
comme d'autres s'étoient formées autour
de l'Église de Saint *Martial*. Le grand
nombre de tombeaux en pierre, qu'on a

trouvés de nos jours, sur les places qui environnent celle de Saint-*Michel*, quand on en a baissé le terrein, confirment la conjecture d'un Cimetière commun; et, par conséquent, de l'Oratoire de Saint *Michel*, qui y fut construit d'abord, et qui sera devenu depuis une Église paroissiale, après avoir pris les accroissemens convenables:

Quoi qu'il en soit de cette conjecture, et de l'origine de ce premier édifice; au moins est-il incontestable qu'il en existoit un après le milieu du onzième siècle; puisque nous voyons que quand, en 1063 les Moines de *Cluny* furent introduits par violence dans le Monastère de St. *Martial*, par le Vicomte de Limoges, un Chevalier du Château dudit Limoges, nommé *Pierre* (1) *Eschauserius* (de l'Eychoisier)

_____

(1) Baluz. *Miscellan.* t. 6. *p.* 517. 518. Gaufred. Vosiens. *in Chron. p.* 287. Mabill. *Annal.* t. 4. *p.* 647. Bonav. *Hist. de S. Martial*, *t.* 3. *p.* 402. *col.* 2. *et p.* 651. *col.* 2.

ami particulier de Saint *Hugues*, Abbé
de Cluny, qui avoit engagé le Vicomte à
faire cette révolution dans ce Monastère,
fit cacher l'Abbé *Hugues*, et plusieurs
Moines qu'il avoit amenés avec lui, dans
l'Église de *S. Michel*, située près la tour
du Vicomte; et qu'ils y demeurèrent jusqu'à ce que tout fut prêt pour leur in-
troduction dans l'Abbaye de St. Martial.

Nos Légendaires (1) il est vrai, ainsi
que nos anciennes Chroniques, et quelques autres Monumens historiques, disent
que St. *Loup*, Évêque de Limoges, mort
(non pas en 632) mais après 637 avoit
été enterré dans cette ancienne Église de
St. *Michel*; mais ce fait n'est pas incontestable, et il y a plus d'apparence que le
Saint Prélat fut d'abord inhumé auprès

_____

(1) Bonav. ibid. t. 1. p. 524. col. 2. t. 2. p. 218.
col. 1. t. 3. p. 282. col. 1. 2. et pag. 487. *Brev. Lemov.
antiq. ad 22 Maii.* Le Cointe. *Annal. Eccl.* Collin,
Vies des SS. Limous. p. 178 ; *etc.* Nadaud; *Mém.
mss. et Tabl. Chron. mss.*

du tombeau , et dans le sépulcre de Saint
Martial; mais qu'ensuite *Gerald II.* Evêque
de là même Ville , l'ayant relevé de terre ,
en 1154 ou 1158 , le transféra dans l'É-
glise de St. Michel, où on voyoit encore
de nos jours le Sarcophage en pierre, qui
avoit servi à cette translation , mais qui
a disparu dans la révolution. Il étoit au-
dessus de la porte de l'ancienne Sacristie.

Nous trouvons encore (1) qu'en 1112
l'Église de St.-*Michel-des-Lions* fut consu-
mée par les flammes, dans un incendie
terrible, qui dévasta le Château de Limoges, avec les autres Églises et Édifices
de cette Ville. Il est vrai que d'autres (2)
ne mettent cet accident qu'en 1121 ou
1122, mais il résulte toujours que cette
Église existoit auparavant.

(1) Bonav. *t.* 3. *p.* 441. *col.* 2.
(2) Adem. de Chaban. *Chron. contin. p.* 52. *Chron.
mss. S. Martial. Lemov.* Bonav. *t.* 2. *p.* 395. 577.
578. *et t.* 3. *p.* 454.

Geofroi de Vigeois (1) parle d'un autre incendie, arrivé en 1167 qui, selon lui, entre autres dégâts qu'il causa, fondit les Cloches des Églises de *Saint-Martial* et de *Saint-Michel-des-Lions*. On avoit donc réparé celle-ci avant cette époque.

D'autres placent ce second incendie en 1147 (2) ou 1157 (3) mais au lieu des Cloches de St.-*Michel-des-Lions*, ils disent que ce furent celles de St.-*Michel-de-Pistorie*, qui furent fondues ; ce qui n'est pas croyable, puisque jamais l'Église de Saint-*Michel-de-Pistorie* n'a fait partie de l'ancien Château, aujourd'hui la Ville de Limoges, et qu'elle a plutôt appartenu à l'ancienne Ville, connue depuis sous le nom de *la Cité*. Sa situation topographique l'annonce assez. Ce sera donc par quelque erreur de copiste, que les anciennes Chroniques,

(1) *In Chron.*
(2) Bonav. *t.* 3. *p.* 477. *col.* 1. 495. *col.* 2.
(3) *Chron.* d'Albéric, *en* 1157.

auront dit de celle-ci ce qui étoit arrivé à l'autre.

L'Église de *St. Michel des Lions*, après ces divers accidens, fut-elle reconstruite en entier, ou seulement réparée de nouveau, depuis le dernier incendie? C'est ce que nos Mémoires ne nous apprennent pas formellement ; mais, au moins, ils donnent à conjecturer qu'il y fut fait des réparations très-considérables ; puisqu'ils nous disent (1) que le 2 juin 1213, l'Evêque *Jean de Veyrac* en fit la Dédicace.

Dans un acte de l'an 1245 (2) il est parlé d'un *Thomas de-Lafon*, membre *du Chapitre de* St.-Michel-des-Lions, du Château de Limoges. Si cette Eglise a eu réellement un Chapitre à cette époque, son existence, comme tel, n'a pas été de longue durée ; car on n'en trouve plus

(1) Bonav. *t.* 3. *p.* 538. *col.* 2. Nadaud, *Mém. mss.*
(2) Bonav. *t.* 3. *p.* 561. *col.* 2.

depuis aucun vestige ; à moins que le rédacteur de cet acte n'ait voulu travestir en Chapitre de Chanoines la Communauté des *Prêtres-filleuls* de cette Paroisse, qui existoit, au moins depuis 1236, et dont il sera parlé plus bas.

On trouve , pour la première fois ; les *Lions de pierre* comme existans auprès de cette Eglise, en 1286. (1)

Les *Lions de pierre*, dit M. Lebeuf (2) placés à chaque coin du portail d'une Eglise, servoient à supporter le siège d'un Juge Ecclésiastique, soit Official, soit Archiprêtre, dans les siècles où leurs jugemens se prononçoient aux portes des Eglises. Ce que dit ici l'Abbé *Lebeuf*; ruine de fond en comble le système de l'auteur anonyme d'un article inséré au Calendrier Limousin de 1807, qui veut

(1) Nadaud , *Pouillé mss.*
(2) *Hist. du Dioc. de Paris ; t. 1. p. 174.*

que nos *Lions de pierre* soient un reste du culte *Mythriatique*, qui, quoi qu'il en puisse dire, n'a jamais été établi dans nos Provinces des Gaules, où les Savans auteurs de l'*Histoire Littéraire de la France* (1) prouvent que, ni les *Égyptiens*, ni les *Chaldéens* d'Assyrie, ni les *Indiens*, ni les *Perses* ne vinrent jamais s'établir, et qu'ils n'eurent aucune communication avec les Gaulois, nos Ancêtres: Au reste, nous avons assez de bonnes preuves de l'antiquité réelle de notre Ville, sans chercher à lui en donner une fabuleuse, par des monumens qui ne sont rien moins que des restes d'un culte mythológique, comme on pourroit le démontrer, si c'étoit ici le lieu de le faire.

Nos Annales nous apprennent (2) qu'en 1306 *Guy*, Vicomte de Limoges, acquit la

_____

(1) *T.* 1. *p.* 9.

(2) Bonav. *t.* 3. *p.* 631. *col.* 2. *Ephém. de Lim.* *de* 1769. *p.* 153. *etc.*

la maison qui fut autrefois des *Frères de Peyrusse*, située en la place de St.-Michel-des-Lions, qui étoit du Fief et domaine de St. Martial, laquelle fut après la maison Curiale ; puis échangée pour les Dîmes de St.-Lazare, avec le Curé, pour y placer le Présidial, après son établissement, en 1551.

Ce fut le 25 mai 1364 (1) qu'on posa la première pierre de la nouvelle Eglise, que nous voyons maintenant. Cette époque est constatée par une Inscription, que nous rapporterons plus bas, quand nous parlerons de la construction du Clocher. On peut voir la description de cette Eglise, dans les *Éphémérides de la Généralité de Limoges*, publiées en 1765, à Limoges, chez *Martial Barbou*, petit *in-*12, p. 151 et suivantes.

---

(1) Bonav. *t.* 3. *p.* 631. *col.* 2. *Ephém. de Lim.* de 1765. *p.* 153, *etc.*

3

Dans un titre du 10 mai 1372 (1) il étoit fait mention d'une maison qu'avoit le Curé de St.-Michel, dans la rue du Clocher.

La Communauté des Prêtres de cette Église avoit alors des Statuts, (2) qui furent confirmés et autorisés par l'Evêque de Limoges, *Aimeric Chatti*, le 16 mars 1372 ou 1373. Ces Prêtres étoient au nombre de 23 en 1500, mais leur nombre fut réduit à 12 par Réglement de 17... (3)

Ce ne fut qu'en 1383 qu'on (4) jeta les fondemens du beau Clocher de cette Église, pour la construction duquel cha-

---

(1) *Terrier mss. jadis de la Communauté des Prêtres de S.-Pierre-du-Queyr. de l'an* 1540.

(2) Bonav. *t.* 3. *p.* 666. *col.* 1.

(3) Nadaud, *Pouillé mss.*

(4) Bonav. *t.* 3. *p.* 651. *col.* 2. *Ephémér. de* 1765, *p.* 153 *et suiv.*

que particulier de la Ville contribua li-
béralement. On dit que ce superbe
Edifice à 210 pieds d'élévation. Nous en
avons une description dans les Ephémérides déjà citées ; mais voici copie de
l'Inscription , autrefois gravée sur une
lame de cuivre, appliquée au mur latéral
du soutenement de ce Clocher, à droite,
en entrant dans l'Eglise, par la porte
qui est sous ce beau monument. Cette
plaque a été enlevée pendant la révolution ; mais l'Inscription se trouve en
partie dans le *P. Bonaventure* (1) et en entier,
dans les Ephémérides citées ci-dessus.

Le fondement de la présente Eglise.

A l'honneur Souverain et la vifve mémoire
Du grand Dieu Tout – puissant, en son règne
    éternel,
De sa Mère sacrée, et du bon *St. Michel*,
Et des Bienheureux Saints de Paradis en gloire,
L'an que l'on comptoit Mil CCC. LXIIII.

_____

(1) *Ibid.*

Le XXV.ᵉ May du premier fondement
Le pied de cette Eglise a prins commencement :
Que l'injure du temps jamais ne puisse abbattre.
XIX.ᵃⁿˢ après, pour embellir ce Temple,
En l'an Mil CCC. et IIII.ˣˣ et trois,
Par les dons du commun, et libéraux Octrois,
Fust bâti ce Clocher, que chef-d'œuvre on con-
   temple.
Louez donc ce bon Dieu, qui a toute puissance ;
Le premier s'employant à cest œuvre si beau,
Qu'il le conserve à soy : et son divin flambeau
Sur tous les Bienfacteurs luise pour récompense.

Relevé par Jehan Verger ;
et Jean Mersin, (*) Bayles ;
En l'an 1584.

'On observe (1) que cette Inscription, qui avoit été gravée, dans le principe, sur une pierre, auprès de la porte du Clocher, se trouvant presque effacée, fut transcrite et gravée sur une table d'airain, par les soins de ces Bailes, et mise auprès du bénitier.

(*) Ou *Merrin,* ou, peut-être mieux, *Merlin.*
(1) Nadaud, *Mém. mss.*

La description de l'Eglise et du Clocher, qui se trouve dans les Ephémérides, est assez exacte ; mais on en reviendra toujours au témoignage des yeux, et on ne cessera d'avoir, pour cette belle Tour campanaire, toute l'admiration qu'elle mérite. Elle est du même style que celles de la Cathédrale et de St.-Pierre, mais perfectionnée à certains égards, quoique peut-être elle leur soit inférieure à d'autres.

En 1402 il y avoit des *Bailes de l'édifice* de cette Eglise (*) : il en étoit fait mention dans un titre de ladite année (1) jadis des Archives de la Communauté des Vicaires de St.-Martial.

En 1431 on fit fondre une Cloche, qui fut refondue en 1551, comme nous le dirons plus au long à cette dernière époque, lorsque nous parlerons de sa refonte.

(*) C'étoient sans-doute alors ceux qu'on a nommés depuis *Bailes de la Sacristie.*

(1) *Mémoir. mss.*

L'Abbé de St.-Martial somma (1) le Curé de St.-*Michel-des-Lions*, en 1434, de lui fournir la procuration qu'il lui devoit en sa qualité d'Abbé.

Il existe un *Processionnal* manuscrit, sur velin, fait, ou écrit pour cette Eglise, en 1452, par ordre, ou aux dépens de *Pierre Lauzelli*, Prêtre de la même Eglise. Il s'y trouve quelques observations curieuses sur les Cérémonies de ce temps-là.

La nouvelle Eglise fut sacrée au mois de septembre 1455 (2).

Avant la révolution, il y avoit huit Cloches dans le Clocher de St.-*Michel-des-Lions*. Il paroît que la quatrième en grosseur avoit été fondue dans le cours du quinzième siècle ; et cela, par l'inscription qu'on y lisoit, en caractères gothiques de ce siècle, par lettres dé-

(1) *Archiv. de l'anc. Chapit. de St.-Martial.*
(2) Nadaud, *Mém. mss. t. 2.*

tachées, dont chacune étoit renfermée dans un quarré, orné de feuillages, etc. et ressemblant aux caractères d'Imprimerie, que les Imprimeurs appellent *Lettres grises.*

Voici cette Inscription :

IHC. S : L'VP : (*) SUB : XPM : SONO : VENTOS : AVRASQ : REPONO :

Cette Cloche n'existe plus. Elle a été brisée et enlevée pendant la révolution, ainsi que plusieurs autres de cette Eglise.

A côté du Bénitier, qui est auprès de la porte septentrionale de la même Eglise, sous la tribune où est maintenant l'orgue, on voyoit autrefois l'Epitaphe suivante, rapportée par *Nadaud* (1).

L'an mil cinq cens et sept, fut inhumé,
Sous cette tombe, icy devant
Un Prestre, *Jean Coussac* nommé,
Qui, par son dernier testament,

***

(*) Sans-doute, *Sancte Lupe* ou *Sanctus Lupus.*
(1) *Mém. mss. t.* 3.

Sur ses biens, entièrement,
Fonda le vin des Messes, en condition,
Qui en prend, avant département,
Doit sur sa tombe une Absolution.

Requiescat in pace.

J'ignore si cette Epitaphe existe, ou non.

On trouve qu'en 1529 le 4 septembre (1) des Parties plaidantes, pour terminer leur contestation, se transportèrent dans l'Eglise de St.-*Michel-des-Lions*, où, en présence de deux Notaires, elles se purgèrent par serment, sur le grand Autel, *garni de Missel*, *des Reliques de* Saint Antoine, *et de plusieurs autres.* Il y a d'autres exemples de cette Cérémonie singulière, en 1584 et 1614 (2).

Au bas de l'Eglise, du côté de l'Evangile, il y a une Chapelle, attenante aux

(1) *Régist.* Ludov. Dupin, *chez* Nadaud, *Mém. mss. t.* 1.

(2) Nadaud, *ibid et dans d'autres Mém. mss.*

aux Prisons, et où les *Pénitens Gris* font
maintenant leurs exercices, dans laquelle
il y avoit, avant la révolution, un *Monument*, ou une représentation de N. S.
mis au tombeau, à peu près semblable
à celui qui étoit alors à la Cathédrale,
et dont l'auteur des Ephémérides de 1765
nous a laissé la description. (1) Auprès
de celui de l'Eglise de St. - Michel, on
lisoit l'Inscription suivante, que *Nadaud*
avoit copiée, et qu'il nous a conservée (2).

Ceste Chapelle, ensemble la représentation du
Sépulchre et Résurrection nostre Seigneur Jésus-
Christ, ont faict faire et edifier *Martial Romanet*, et *Peyronne Saleys*, sa fême, du consen-
tement de Messieurs les Curé t fabricateurs de
la pnt Eglise, et esleu en icelle leurs Sépultures, où ils ont fondé une Messe chacun jour,
selon l'office d'icelui, avec une Collecte des
Trépassés, et, pour iceulx, une Absolution à
la fin de chascune Messe ; et tous les Lundis se

(1) P. 140. 141.
(2) *Mém. mss. t.* 3.

dira la Prière pour les fondateurs d'icelle ; et sera ladite Messe sonnée de la plus grosse Cloche de la p͂nt. Eglise , par treze coups tout incontinent que Matines (*) seront sonnées , et Messrs. Pbres. de Communauté sont ten. dire lad.e Messe par chascun jour lesd.s treze coups frappés ; et pour ce fere , lesdits Fondateurs ont donné chascun an à lad.e Communauté Rentes et Cens suffisans, tant en argent , qu'en blé , et à la fabrique qua- rante soulx de rente annuelle , pour faire sonner lesd. treze coups ; et mesd. Srs de ladite Com- munauté , fabricateurs , se sont obligés faire les choses susd. comme apert par Lettres sur ce reçues par Maîtres *Jehan Petiot* , et *Barthelemy Texier* , notaires royaux. Le XXII.e jour de Apvril , l'an mil cinq cens XXX.

Ceux qui cette Epitaphe lisés , priez Dieu pour les Trépassés.

Les figures des fondateurs y étoient saillantes du mur , en buste , une du côté de l'Evangile , et l'autre vis-à-vis. L'Autel

---

(*) Il paroît par-là , que les Prêtres de la Communauté de *St.-Michel* , chantoient alors tous les jours *Matines* (Nadaud , *ibid.*)

étoit tourné du côté du nord. (1) On y
voyoit les armes des *Romanet*, et celles
des *Saleys* (2).

Ce *Monument* n'existe plus. Il fut dé-
gradé plusieurs années avant la révolution, par une effraction que firent à cette
Chapelle des prisonniers, dont les cachots
y étoient adossés, et qui se sauvèrent
par-là. Depuis, on ne l'avoit pas fait ré-
tablir : on le détruisit même entièrement.
Les figures du Monument étoient toutes
en terre de brique, cuite au four. Je ne
sais ce qu'elles sont devenues, ainsi que
l'Inscription. On y avoit substitué l'ancien
Tabernacle et le Rétable du Maître Autel,
quand on eut fait faire le nouveau. On
y voyoit pourtant encore, avant la révolution, la figure de N. S. J. C. ressuscité.

Sur une Croix, qui étoit autrefois dans
un petit jardin de l'ancien Palais, dont

(1) Nadaud, *Mém. mss. t. 3.*
(2) *Id. ibid.*

le local a été pris pour agrandir les prisons ; jardin, qui joignoit l'Eglise de St.-Michel, du côté de la rue des Fossés, on voyoit l'Inscription qui suit, et qu'on trouve aussi dans Nadaud (1).

Je suis le vray arbre de vie,
Bon à planter en tout verger :
Qui de mon fruit aura envie,
Si en preigne, sans nul dangier.
On me fit planter et haucter
L'an mille cinq cens trente et ung.
Ce fut *Helie Gallichier* (*),
Qui duhem.ᵗ me fit dédier
Et parfaire, au mois de Juing.

Cette Croix fut enlevée et portée près de la porte occidentale de la même Eglise, lorsqu'on démolit l'ancien Palais, pour bâtir le nouveau, auquel on travailloit encore sur la fin de 1780.

(1) *Id. ibid.*

(*) Un *Helie Gallichier* étoit Consul à Limoges, en 1525. (Bonav. *t.* 3. *p.* 759). C'étoit, sans-doute, celui qui fit ensuite planter cette Croix.

Un titre de l'an 1535 (1) faisoit mention d'un petit Cimetière situé derrière cette Eglise, du côté de la même rue des Fossés.

Le Curé (2) de St.-*Michel-des-Lions* (probablement *Guillaume de Jouviond*, mort en 1544) et les Prêtres de la Communauté de cette Eglise firent faire, en 1544 les Stalles, ou Chaires du Chœur, pour célébrer plus commodément le service divin. Une Inscription, gravée sur une plaque de cuivre jaune, attachée à un des pilliers du Chœur, du côté de l'Epître, près la place du Curé, attestoit ce fait. Elle a été enlevée ; mais voici copie de cette Inscription, qui avoit été faite avant sa destruction.

L'an quarante iiii.e mil cinq cens,
Les Curé et Prebstres de céans,

---

(1) *Archiv: jadis des Vic. de S.-Martial.*
(2) Bonav. *t. 3. p. 651. col. 1.*

Par commune distribution,
Des biens chacun sa portion,
Selon sa qualité et pouvoyr,
Firent faire, pour se asseoyr,
Et vacquer au Service divin,
Ces Sièges, que voyez ainsin.

Ces Stalles furent racommodées il y a environ quarante ans, et ensuite détruites. Celles qu'on y voit actuellement, viennent, en partie, de celles de la Cathédrale, faites en 1789.

L'année suivante, 1585, on mit sous le Clocher, à main droite en entrant, l'Epitaphe qui suit, qui étoit gravée sur une lame de cuivre jaune, et qui a disparu pendant la révolution. On la trouve dans les Ephémérides de 1765 (1).

Cy gist Maistre *Jordain Penot* (*)
Homme discret et bien dévot :

(1) *Pag.* 155. 156.

(*) Nadaud (*Pouillé mss.*) a lu *Petlot*, au lieu de *Penot* ; ce qui est peut-être la vraie leçon à suivre.

Aussi *Gerauld Penot*, son Filz,
Lequel fonda, par bon advis,
Une Chapelle, ou Vicairie
A l'honneur de Dieu et Marie ;
Et pour ses Parens Trépassés :
Il la dota de biens assés :
Et voulsist céans estre servie
Et de Ornemens bien garnie,
A l'Autel de la Sainte Croix
Aussi ordonna Messes troys
Estre dictes la Sepmaine
Avec l'Absolucion plaine
Par son Vicaire ou Commis ;
L'une le Lundi *de Mortuis*,
Du Sainct Esperit Mercredy,
Et de Marie le Sabmedy.
La presentacion appartient
A son héritier plus prochain
La collution et institucion,
Et toute aultre disposicion,
Au Recteur et Curé de céans.
Dictes tous, tant petits que grants,
Pater noster, ou *De profundis*,
Leurs ames soient en Paradis :
    Amen. 1545.

C'est en 1551 que fut refondue la seconde Cloche dont j'ai déjà parlé, sous l'an 1431. Ces deux époques sont constatées par l'inscription suivante, qu'on y lisoit, en caractères gothiques.

Jhs. Maria.
Sancte Michaël, Archangele,
Deffende nos in prelio,
Vt non pereamus in tremendo Juditio.
Benedicite, Sacerdotes Dni. Dno.
Benedicite, Servi Domini, Domino.
Danie. 3.

Ce qui suit, étoit en plus petits caractères gothiques, sur la même Cloche.

Six vingtz ans sont (en 1431) que premier je fus faicte
Aux despens des Curé et Prestres Sainct Michel,
Et despuis cassée et reffaicte, aux mesmes despens,
Par le Maistre, qui m'a au double augmentée, et fondue
En Febvrier mil cinq cens cinquante et ung.
Te Deum laudamus.

Cette Cloche n'existe plus ; elle a été cassée et enlevée pendant la révolution, avant

avant laquelle l'Inscription avoit été copiée
sur place.

Le P. *Bonaventure* (1) nous apprend
qu'en 1552 l'Eglise de St.-Michel fut augmentée du jardin de chez *Lamy*. Il y a
apparence que, pour donner plus d'éten-
due à cette Eglise, on prit une partie
du jardin attenant au logis de Mrs *Lamy-
de-Luret*, dont la famille existe encore
dans Limoges ; mais elle n'occupe plus
cette Maison, qui joint l'Eglise du côté
du midi.

Le même Ecrivain (2) rapporte à l'an
1560, la construction de la Chapelle de
notre-Dame-des-Aides, qui est un hors-
d'œuvre, bâtie à côté de l'Eglise de
Saint-Michel, à l'occasion d'un meurtre
commis auprès de cette Eglise, pendant
les guerres civiles causées et soutenues

(1) *T. 3. p.* 775. *col.* 1.
(2) *Ibid. p.* 780. *col.* 1 , *etc.*

5

par les Calvinistes. Un Chanoine de la Cathédrale, nommé *de-Chansat*, en fut le fondateur. Les *Pénitens Bleus* y font maintenant leurs Exercices.

La huitième des Cloches qui existoient dans le Clocher de cette Eglise, avant la révolution, avoit été fondue dans le cours de ce seizième siècle. C'étoit la plus petite, et elle servoit à sonner les Messes. On y lisoit ce qui suit, en caractères gothiques de ce siècle.

Sancte Micael, ora pro nobis.
Te Deum laudamus.

Cette Cloche n'existe plus.

Ce fut, comme on l'a déjà vu, en 1584, que *Jean Verger* (1) et *Jean Merlin*, Bailes de la Paroisse de St.-*Michel-des-Lions*, firent graver l'Inscription rapportée ci-dessus, *page* 19, qui constate

─────────────────────────

(1) Bonav. *t.* 3. *p.* 651. *col.* 2. *Éphémér. de* 17⬛. *p.* 154.

les époques de la construction de l'E-
glise actuelle et du Clocher.

En 1603 avoit été fondue une autre
Cloche, la cinquième en rang, pour la
grosseur, et sur laquelle on lisoit ce qui
suit, en caractères de Capitales Romaines
modernes.

IHS. MARIA.
Buccinate in neomenia tubâ, in insignt die
Solemnitatis vestre. Psalm. 80.
A esté mon Parrin
François Chartaignat ;
Et Marrine,
Catherine Rouard,
Femme de *B. Cassaignes.*
Année 1603.

Cette Cloche n'existe plus.

Le jour de St. Marc, 25 avril 1604 (1),
il y eut un grand tonnerre à Limoges :

(1) Bonav. *t.* 3. *p.* 814. *col.* 1. *Chron. mss.*

la foudre tomba sur le Clocher de Saint-
Michel-des-Lions, et y fit une grande
ouverture, au-dessus de la Cloche qui
sonne les heures. La brêche étoit de
cinq ou six pieds en quarré. La Girouette
fut emportée, et le Cadran brisé. Outre
cela, le feu du ciel fit beaucoup de
dégât dans l'Eglise, où il brûla les chappes
de velours rouge, et la *Véronique*, qui
étoit dans la Sacristie ; et, dans un coffre
au-dessous, d'autres chappes, de damas
blanc, qui servoient aux fêtes de Notre-
Dame, n'eurent aucun mal. Plus, il fit
une marque dans une pierre, près l'armoire des Fonts Baptismaux, où l'on
tenoit les saintes huiles. Cette marque,
ajoute le P. *Bonaventure*, ressembloit à
une patte de lièvre. La même année,
les Marguillers ou Fabriciens de cette
Eglise firent réparer le Clocher, et mettre
un autre cadran neuf à l'horloge.

En 1605 au mois de juillet (1), les pluies furent si extraordinaires, dans le Limousin, qu'on se vit sur le point d'essuyer de très-grandes calamités. Pour les détourner, on eut recours aux Prières publiques ; on fit des Processions particulières, et puis une générale, qui s'assembla dans l'Eglise de St.-*Michel-des-Lions*. Le vénérable *Bernard Bardon-de-Brun*, Prêtre de cette Ville, s'y trouva, dans un costume très-pénitent, et on lui attribua la cessation de la pluie, ou plutôt, de cette espèce de déluge.

Après le terrible accident, du 10 novembre 1810, dont nous parlerons ailleurs, on a trouvé, dans les décombres qu'il a causés, une plaque de cuivre jaune, sur laquelle est gravée l'Inscription suivante, en caractères minuscules romains, mal conformés.

---

(1) Bonav. *t. 3. p. 832. col. 1. Vie de M. Bardon-de-Brun, par le* P. Petiot, *p.* 23.

L'année mile six cents six,
au moïs de septembre, estánt
Fabriqueurs de la pꝰt Esglise, Sainct Michel, M.rs Mtes
Jacques Martin, Lieutenãt
g'nãl criminel de la ꝑñt Ville
Guillaume Nicot, *Gabriel la-
brousse* et *Jehan Roux* Pre-
vost Bourgeois et Marchans
de ladicte Vile, La pointe de
ce pꝛñt Clocher, elbranlée par
la foudre, a esté réparée
par leur diligence et ayde
des Paroissiens.

Loué soit Dieu.

Cette réparation fut-elle faite par suite
de l'accident arrivé en 1604 ou d'un nouveau, arrivé en 1606? C'est ce qu'on ne
peut savoir, l'Inscription ci-dessus n'en
disant rien.

Sur un arceau d'une des Tourelles du
Clocher, on voit la date de 1617, ce
qui prouve qu'à cette époque, ou on

reconstruisit cette Tourelle ; ou, au moins, on y fit quelque réparation considérable.

C'est en 1621 que fut fondue la grosse Cloche qui existe encore, et qui étoit la plus grosse des huit qu'on voyoit dans le Clocher, avant la révolution. Voici l'Inscription qu'on y lit, en Lettres capitales de Romain modernes.

† IHS. MARIA.

La Fabrique m'a faict faire, en l'an 1621.
Parrain, noble *Michel Martin*, Conseiller du Roy, et Président de Limoges.
Marraine, Damoyzelle *Catherine Marrand*, Femme De Monsieur le Receveur *Mousnier*.
Sancte Michaël, ora pro nobis.
Claude Duboys et *Remy Rozier* mon faicte, l'an 1621.

Deux ans après, on avoit fait fondre celle qui étoit la troisième en grosseur, avant la révolution, et qui n'existe plus. Son Inscription étoit en caractères Ro-

mains Majuscules modernes , comme
s'ensuit :

JESVS. MARIA.

Je suis faicte pour S. Michel des Lions de Limoges ,
L'an 1623.

Parrin , noble *Antoine Martin* , Conseiller du Roy ,
Président au Siège de Limoges ,
Fils de feu Monsieur le Président.

Marrine , Damoizelle *Guabrielle de Chastanet* ,
Femme de noble *Jehan Decordes* , Conseiller du Roy ,
Et son Lieutenant-Général de Limousin , E Siege
Presidial . . . .

Le reste de cette Inscription manquoit ,
quand elle fut copiée , avant la révolution.
Il y avoit, ou devoit y avoir encore deux
lignes et demie circulaires d'Inscription ;
mais, ou elles avoient été manquées à la
fonte , ou on les avoit biffées depuis ; en
sorte que , quoi qu'il parût qu'il y avoit eu
des lettres, on n'y pouvoit rien lire.

En 1645 (1) on avoit fait faire , à Paris ,
une

_____

(1) Bonav. *t.* 3. *p.* 232, *col.* 2. *et p.* 849. *col.* 1. 2.

une nouvelle Châsse, pour les Reliques de St. *Loup*. Elle étoit couverte de lames d'argent. M. *Jean Jabraud*, Prêtre de l'Eglise de St.-Michel, avoit légué pour cela 300 liv. On peut voir, dans nos Annales, le détail de tout ce qui fut fait à cette occasion. Cette Châsse, et les Coupes d'argent, qui contenoient le Chef du Saint, ont été enlevées et détruites pendant la révolution.

Le 11 mai de là même année 1645, (1) mourut à Limoges, en odeur de Sainteté, le Vénérable *François Rivet*, Prêtre de la Communauté de St.-Michel-des-Lions, et il fut inhumé devant le grand Autel de cette Eglise, à l'entrée du Chœur.

On fit des réparations considérables au Clocher, en 1651, comme l'atteste l'Inscription suivante.

L'année 1651 et au mois de septembre estans Fabriqueurs de la pīt. Eglise et

---

(1) Bonav. *t.* 3. *p.* 849. *col.* 2.   6

Paroisse de St. *Michel des Lions* , Messrs.
Mees. *Leonard Desflottes* , Coner. du Roy ,
au Présidial de Limoges, *Guillaume de
Verthamond* , Trésorier général de France
en la p͡nt. Genneralité , *Pierre Descoutures*
Advocat en la Cour et Presidial de la p͡nt.
Ville , et *Leonard Constant* , aussy Advocat,
le p͡nt. Clocher a esté grouetté et
fimanté (★) despuis le pied jusques à la
pointe , les Quarties se trouvant despris
et entrouvers par la succession des
temps , et à cause des pluies et orages ,
Qui avoient descharné et emporté le
Scimant qui avoit esté mis lor de
lestructure et bastisse d'icelluy , Ladite
reparation a esté faicte par leurs
Song (★★) et dillgences est les contribuons
des gens de bien.

LCVe ◘ Soict Dieu ◘

Cette Inscription a été copiée sur l'o-
riginal , gravé sur une plaque de cuivre
rouge , qui est actuellement chez Monsieur

(★) Pour *cimenté*.
(★★) Soius.

le Curé de St.-Michel, et qui a été re-
trouvée après l'accident désastreux arrivé
au Clocher, le 10 novembre 1810, dont
il sera parlé ailleurs plus au long. On
en a conservé l'orthographe et la distribution des lignes. Il paroît que cette
plaque avoit été attachée en 1651, à la
cime de la flèche, d'où elle a été détachée,
enlevée et portée au loin par la foudre,
en 1810.

En 1663 avoit été fondue la sixième
(en grosseur) des Cloches qui existoient
dans ce Clocher avant la révolution. On
y lisoit, en Caractères majuscules Romains modernes, l'Inscription qui suit.

Parrin , M.ʳ M.ᵉ *André Laudin*, S.ʳ *de Linguaine*,
Con. du Roy au Siege Preal de Limoges.
Marrine , Damoizelle *Marguerite Desmaisons*.
1663.
Charp-
entier
ma
faicte.

Cette Cloche n'existe plus : elle a été détruite durant la révolution.

La même année fut aussi fondue la septième Cloche en grosseur, nommée *le Dandan*, parce qu'on ne peut pas la sonner à volée, à cause qu'elle sert de timbre pour l'horloge, et qu'on ne fait que la tinter, pour sonner les Messes, etc. On y lit l'Inscription suivante, en caractères de Capitales Romaines modernes.

Messieurs les Bayles des Ames du Purgatoire
De l'Esglise de S. Michel des Lions,
Mon faicte faire
Estans en charge,
Au mois de septembre 1663.

Noble *Pierre Hardy*, Seignr. *du Puytison*, Tresor. gen. de France, en la Gnalité de Limoges, Parrain.
Dame Catne. *Guillumé*, femme de Mesre. *L. Chastaignac*, Chler. Seigr. de *Neuvic*, *Masléon*, et autres places, Coner. du Roy en ses conls. et Prévost en Limousin.

Cette Cloche existe encore, comme on a dit ci-dessus.

Nous ne trouvons plus rien d'intéressant sur cette Eglise, jusqu'en 1748, qu'on fit réparer le Clocher, qui avoit été endommagé par la foudre, ainsi que l'attestent les Inscriptions suivantes, gravées sur le Coq et sur la girouette, en caractères de Capitales romaines, modernes, et qui ont été copiées sur les originaux après la chûte de la pointe de la flèche de ce Clocher, arrivée le 10 novembre 1810.

Sur une des faces de la queue du Coq, on lit qu'il fut

Dessendu (*) par
Pierre Durou di *Sandun* ;
Et *Martial Durou*, frere. 1748.

(*) C'est-à-dire que, pendant qu'on faisoit les réparations, les ouvriers sus-nommés descendirent la Girouette et le Coq, qui étoient à la cime de la grande flèche, pour les faire voir au public, et faire une quête à leur profit, suivant l'usage en pareil cas. Ceci donna aussi occasion d'y faire graver les Inscriptions rapportées ici.

Sur une des faces de la Girouette est l'Inscription suivante.

L'an ✝ 1748.
au mois de Juin,

Estans Messire *Martial Dartigeas ;* Cure de la
presente Eglise, Docteur en Sorbonne : Messire
Gregoire Benoist
de Venteaux Presiden Tresorier general de France.
M.ᵣ *Geremie Martin* Negosian : M.ᵣ *Clemen Hugon*,
Conselier au Presidial : Messire *Alexis Texandier*
Baron de Neuil Chevalier d'Honneur au Bureaux ;
    Scindics
Fabriciens. Le pres. Clocher ayans este notablemen
endomage par le Tonere, et a este repare par leurs
    soings
En diligence et contribustion de la Paroisse.
Loué soit Dieu.
Et Verbum caro factum est ; et

habitabit in ☩ *nobis.*

IHS.

Le 24 juillet 1749 ; la Confrairie de
la Courtine, anciennement établie dans

une Chapelle, appelée de *N. D. de la Courtine*, auprès de l'Eglise de Saint-Martial, et détruite vers 1743, fut supprimée, et tous ses revenus, et autres biens, furent réunis à la Communauté des Prêtres de St.-Michel-des-Lions (1).

Le 13 janvier 1751, *M. du Coëtlosquet*, (2) Evêque de Limoges, rendit une Ordonnance, qui fut homologuée au Parlement de Bordeaux, le 10 février suivant, par laquelle il fut défendu aux particuliers, qui pouvoient avoir droit de tombeau dans l'Eglise de St.-*Michel-des-Lions*, de faire enlever le pavé de cette Eglise, pour la sépulture de leurs parents, et ordonnoit qu'ils seroient enterrés dans les caveaux publics, à moins qu'ils ne fissent creuser des caveaux pour leurs

---

(1) Nadaud, *Pouillé mss.*

(2) *Feuille Hebdom. de Limog. du* 17 *janv.* 1776, *n.*° 3. *p.* 15.

familles, dans les endroits de l'Eglise qui leur étoient affectés, et qu'ils seroient obligés de justifier par titres, qu'ils avoient droit de tombeau. Cette affaire eut des suites fâcheuses, en 1759, 1764 et 1775, comme on peut le voir dans l'ouvrage cité.

Un jour (1), [c'est le 4] du mois de février 1754, il s'éleva, sur le soir, à Limoges, un ouragan si violent, qu'il déracina plusieurs arbres aux environs de cette Ville, dans laquelle il enleva les toits des maisons, transporta même plusieurs personnes, qui se trouvèrent sur son passage, à plus de trente ou quarante pas du lieu où il les saisissoit. Il étoit accompagné d'un furieux tonnerre : on croit même qu'il y eut un tremblement de terre. Le feu prit dans plusieurs cheminées de cette Ville, où tout

_____

(1) Gazette de France, du mois de févr. 1754.

tout étoit en déroute. On craignoit de la voir entièrement bouleversée et réduite en cendres. Le feu (1) du ciel tomba sur le Clocher de l'Eglise de St.-*Michel-des-Lions*, dont il abattit et rasa une des petites flèches, ou tourelles, qui sont à côté de la grande flèche. Il transporta de fort grosses pierres sur les toits des maisons voisines, qu'elles écrasèrent. Mais le plus grand dégât se fit dans l'Eglise de St.-*Michel;* car la plus grande partie des pierres étant tombée sur la toîture de cette Eglise, (*) et, de-là, sur la voûte, qui n'étoit qu'en brique, elles y firent une ouverture de la largeur de toute la travée ; et comme l'orgue se trouvoit sous cette partie de la voûte, et attaché au massif du Clocher, il fut entièrement entraîné et détruit, par la

_____

(1) *Ibid.*

(*) Précisément au même endroit où il en est tombé d'autres, après l'accident du 10 nov. 1810.

chûte de ces pierres, et des décombres
de la voûte ; en sorte que , le lendemain ,
il fut impossible d'entrer dans l'Eglise
par la grande porte qui est sous le Clocher , parce qu'elle se trouva encombrée
de tant de débris et de matériaux, dans
l'intérieur de l'Eglise , qu'il n'y avoit pas
moyen d'y pénétrer de ce côté-là. Heu-
reusement personne n'y périt , parce
que cela arriva la nuit. On a depuis
rétabli la tourelle , qu'on a remontée
entièrement ; en sorte qu'il ne paroît plus
qu'elle ait jamais rien souffert. L'Orgue
fut aussi refait à neuf ; mais on ne le
remit pas sous le Clocher , de crainte
d'un nouvel accident : on le plaça sur
la porte opposée , du côté du septen-
trion , dans une tribune, qui fut faite
exprès pour cela, et qu'on y voit encore.
L'Orgue y resta jusqu'à la révolution ,
pendant laquelle il a été détruit et enlevé.
On travaille actuellement à y en placer

un autre, qu'on a acheté et fait venir de Paris.

Le 17 décembre 1756 (1) on enterra, dans cette Eglise, M. *Jacques-Louis de Chaumont-de-la-Millière*, Intendant de la Généralité de Limoges, mort le 16 du même mois. Son corps fut mis dans un caveau neuf; et, vis-à-vis, on plaça sur le mur collatéral, son Épitaphe, gravée en lettres d'or, sur une table de marbre noir; et, en tête, ses armes, en marbre blanc. Cette Épitaphe avoit été enlevée pendant la révolution, mais elle existe encore, quoique un peu mutilée, dans la petite Sacristie, qui est derrière l'Autel de St.-*Loup*. La voici, telle qu'elle avoit été copiée sur place avant la révolution.

Cy gît, qui voulut vous rendre tous heureux, M.ʳᵉ *Jacques–Louis de-Chaumont-de-la-Millière* , Chevalier, Seigneur de Vallençay, Luçay, d'Argeville, et autres lieux; Conseiller du Roy en

---

(1) *Feuille Hebd. de Limog.* du 6 *fév.* 1782 ; *n.*° *VI*, *p.* 30. *col.* 1. Nadaud, *Mém. mss. t.* 1.

ses Conseils , Maître des Requêtes ordinaire de son Hôtel , Intendant de Justice , Police et Finances en la Généralité de Limoges , décédé le 16 décembre 1756.

Requiescat in pace. Amen.

On fit de nouvelles réparations au Clocher , en 1766 , ce qui donna encore occasion de descendre le Coq et la Girouette , sur lesquels on grava les Inscriptions qui suivent , en caractères de capitales Romaines modernes.

Sur la seconde face de la queue du Coq , on mit ces mots :

Dessendu par *I. Berché*
et *P. Lapousiere.* 1766.

Sur la seconde face de la Girouette , on mit ce qui suit.

L'an ✠ 1766.

Au mois de Juin , jour de l'Octaye de la Feste-Dieu , la Flèche du Clocher ayant este notablement endomagée par le Tonnerre ,

a este reparée des epargnes de la Fabrique , par les soins de MM.

Antoine de Leonard-de Fressanges, Docteur des-Sorbonne ancien

Theologal de St. Martial et Curé de la presente Paroisse.....

Pierre de Maledent, Chevalier Seigneur de Feytiat, *Joseph Durand,*

Seigneur de La-Couture, tous les deux Trésoriers de France ; *Jean-*

Baptiste de Labiche, Ecuyer, Seigneur de Reignefort Scindicqs

Fabriciens : *Martial Goudin,* Ecuyer, Seigneur de Laborderie, et

Jacques Petiniaud-de-Juriol, Bourgeois et Négociant et Consul,

anciens Scindicqs Fabriciens. . . . Loué soit Dieu.

Adjutorium nostrum in nomine Domini.

Gravé par PIERRE MALISSEN.

Au mois de mars 1770 (1) on commença de faire plusieurs réparations à l'Eglise de St.-Michel-des-Lions. Le pavé du chœur fut élevé de quatre pouces plus que celui de la nef. On répara les Stalles ;

---

(1) *Mém. mss.*

on plaça, au bout du chœur, une grande
grille de fer, avec des rampes, aussi en
fer, qui fermoient, aux deux collatéraux,
le chœur et le sanctuaire. Cette grille
et les rampes ont été enlevées pendant
la révolution.

Peu de temps auparavant, on avoit
fait placer l'Autel en marbre, qui existe
encore ; mais le nouveau Rétable, que
nous voyons aussi actuellement, ne fut
fait et placé qu'en 1774. Une Inscription,
gravée sur quatre plaques de cuivre jaune,
en forme de médaillons, placées sur les
rampes, deux de chaque côté du chœur
et du sanctuaire, et qui étoit la même
sur toutes, attestoit l'époque où une
partie de ces réparations avoit été faite.
En voici une copie, prise sur place,
avant la révolution.

Cette Rampe, et appuy de Communion, ont été
faits des deniers provenant de la vente de l'ancien
Candelabre, et des honoraires et rentes, par nous

Bailes en charge, des Ames, 1770. M^{rs}. *Thalan-dier*, Marchand, *Ardant*, Notaire royal, *Nadaud;* Marchand, et *Duras*, Marchand.

1770.

La nouvelle Sacristie fut faite, ou au moins commencée en 1772, au lieu où étoient autrefois les Fonts baptismaux, qu'on transporta alors où ils sont maintenant, dans l'ancienne Chapelle de Saint-Jean-Baptiste, près de celle de Notre-Dame-des-Aides. On fit aussi quelques autres réparations, qui durèrent jusqu'en 1775. A cette dernière époque, on fit reblanchir toute l'Eglise, par un ouvrier Italien, qui, au lieu d'échafauds, se servoit d'échelles et de cables. Tout cela étoit attesté par une autre Inscription, gravée sur cuivre, en caractères de petites capitales de Romain moderne, qui étoit attachée à un pillier, à côté de la porte de l'arrière Sacristie, mais qu'on n'y voit plus, parce qu'elle a été enlevée pendant la révolution, avant laquelle il

en avoit été fait une copie, d'après laquelle
je la transcris ici :

L'an de Notre Seigneur *Jésus-Christ* 1775.
Le second du règne de Louis XVI.
Le Maître Autel de cette Eglise a été fait en
marbre, des dons des Paroissiens, et des fonds de
la Fabrique et de la Sacristie, Mrs. *de Fressanges*
Curé, *Maleden de Feliat*, Trésorier de France, *Durand*,
Trésorier de France, *Juge*, Avocat du Roi au Présidial
et Seneschal, *Baillot*, Trésorier de France, Fabriciens :
Goudin de la Borderie, Ecuyer, *Pabot de Chavagnat*,
Chevalier de St. Louis, anciens Fabriciens; *Devoyon*,
Procureur du Roy au Bureau des Finances, *Peliniaud*
de Beaupeyrat, Bailes de la Sacristie, commencèrent
cet ouvrage. Il a été achevé par Mrs. *Martin*, Curé,
De Jayat, Trésorier de France; *De Roulhac*, Procureur
du Roy au Bureau des Finances, Fabriciens; *Estienne*,
Président de l'Election, *De Maleden*, Ecuyer, Bailes
de la Sacristie. Mrs. les Bailes des Ames du
Purgatoire firent la Table de la Communion et les
Rampes du Sanctuaire. Mrs. de la Fabrique et de la
Sacristie firent la porte et les Rampes du bas
du Chœur, ainsi que la nouvelle Sacristie,
qui a été établie dans la Chapelle de S.
Pierre et S. *Paul*, où étoit le Baptistaire, qui
a été placé de l'autre côté de la Sacristie.

Seigneur, j'ay aimé la beauté de votre Maison.
Psal. 25.

Le

Le 24 août 1775 (1) on baptisa, dans cette Eglise, un Juif, nommé *Marcus Cahan*, natif de Forbach, dans la Lorraine Allemande, âgé de vingt-neuf ans. Il eut pour Parrain, M.ʳ *Jayat*, Trésorier de France ; et pour Marraine, M.ᵐᵉ *Martin de Puymaud*, née *Daniel de Montfayou*, belle-sœur de M.ʳ *Martin*, Curé de St.-Michel, qui fit la Cérémonie. Ce jeune homme épousa, peu de jours après, une fille de cette Ville.

En 1785 (2) on fit encore quelques réparations importantes au Clocher de cette Eglise, et les ouvriers descendirent, le 5 juillet, le Coq et la Girouette, qu'ils portèrent par la Ville, suivant leur usage, pour faire une quête à leur profit. Avant de les remettre en place, ils firent graver,

---

(1) *Feuille Hebd. de Limog. du 5 sept.* 1775, *n.º* 15. *p.* 57.

(2) *Mém. mss.*

sur la queue du Coq, leurs noms;
comme s'ensuit :

> Descendu par *Pierre Gipoulou*,
> Di *la Pousiere*,
> Et *Léonard Lalet*. 1785.

Et comme on fit aussi alors accommo-
der le Coq, celui qui l'accommoda fit
aussi graver son nom sur le dos dudit
Coq, comme s'ensuit.

> A. comodet par moit *Guillaume Bricaille*. 1785.

Sous le ventre du même Coq, on lit
ce seul nom :

> *Latelize.*

Le premier septembre 1788, on baptisa (1) à St.-*Michel-des-Lions* un jeune
nègre Africain, nommé *Sara-Zamore*,
âgé de dix-neuf ans.

Le 17 décembre 1790, on transféra
solennellement dans l'Eglise de Saint-
Michel-des-Lions, la Châsse qui conte-

---

(1) *Mém. mss.*

noit le Chef de St. *Martial*, Apôtre d'A-
quitaine, qu'on retira de son ancienne
Eglise, qui venoit d'être supprimée,
avec le Chapître qui la desservoit. On
mit cette Châsse dans une Crypte, qui
avoit été faite exprès, dans la Chapelle
collatérale du Maître Autel, du côté
de l'Evangile.

L'ancien Curé, Mr *Martin* rentra dans
son Église en 1802, après la signature et
la publication du Concordat, en vertu
duquel, il fut nommé de nouveau à la Cure
de St.-Michel-des-Lions, par M. *Du-Bourg*,
alors Evêque de Limoges ; mais la mort
l'ayant enlevé peu après, ce fut sous
M. *Vitrac*, son Successeur, qu'en 1803,
le 7 juin, on commença l'instruction pour
vérifier l'identité du Chef de St. *Martial*,
ainsi que de celui de St. *Loup* ; ces
Reliques précieuses ayant été retrouvées
et vérifiées ainsi, quant à leur identité,
dans toutes les règles prescrites par les

lois de l'Eglise, Mgr. l'Evêque rendit une
Ordonnance le 30 juin, en vertu de
laquelle ces Chefs furent transférés de
nouveau dans celle de St.-*Michel-des-Lions*,
avec quelques autres Reliques, retrouvées
et vérifiées de même, pour y être con-
servées à l'avenir, et exposées à la véné-
ration publique, de la même manière
qu'elles l'avoient été autrefois.

Le mercredi 12 mars 1806, à six heures
un quart du soir (1) un coup de tonnerre éclata, et couvrit de feu l'horizon
de Limoges. Plusieurs personnes assu-
rèrent alors avoir vu la foudre suivre le
Clocher de l'Eglise de *Saint-Michel* du
haut en bas, et se perdre en serpenteau
du côté des *Lions*, placés au-devant du
petit cimetière, qui sert d'avenue à l'E-
glise, sans néanmoins avoir fait aucun

_____

(1) *Journal du Département de la Haute-Vienne,
du 20 mars 1806, n.º 11, pag. 90. 91.*

mal. Nous verrons bientôt que ce mal ne fut que différé de quelques années.

En 1809. La *Grande Confrairie* de St.-*Martial*, ayant fait faire à Lyon une Châsse, en bois, couverte de lames de cuivre doré, pour y mettre le Chef de ce Saint Apôtre, cette Châsse fut bénite solennellement par Mgr. l'Evêque, qui y déposa la Relique, et ensuite on la porta en procession dans la Ville, à laquelle Mgr. l'Evêque officia pontificalement, le Dimanche 2 juillet de la même année, jour, où on célébroit la solennité de ce Saint Apôtre et Patron de la Ville et du Diocèse de Limoges.

Le 29 avril 1810, jour de *Quasimodo*, en vertu d'une Ordonnance du même Prélat, la Procession générale des Reliques de St. *Martial*, etc. qui se faisoit autrefois le *Mardi de Pâques*, a été rétablie, et fixée, pour l'avenir, audit jour du Dimanche de *Quasimodo*.

Le samedi, 10 novembre 1810, à sept heures du soir, la foudre tomba sur le Clocher de cette Eglise, dont elle endommagea la grande flèche, qu'elle lézarda d'un bout à l'autre ; fit plusieurs crevasses au massif du Clocher, emporta fort loin la Boule, la Croix, le Coq et la Girouette, qui terminoient la flèche ; les pierres, en tombant, écrasèrent une travée de la voûte de l'Eglise, où la foudre entra aussi, fit du dégât dans plusieurs endroits, sur-tout dans la Chapelle de N. D. du Mont-Carmel, et dans une armoire de la Sacristie, qui est derrière cette Chapelle. Il a été fait un Procès-verbal de ces dégradations, qui a été inséré dans le Journal intitulé *Annales de la Haute-Vienne*, au n.º XC. du 13 novembre 1810, *pag.* 370, et au n.º XCII. du 20 du même mois, *pag.* 377 et suivantes, où on peut le voir.

, Comme quelque temps avant ce fâcheux accident, la Fabrique avoit acheté à Paris un Orgue, pour remplacer l'ancien, détruit par la révolution, et qu'on l'avoit déjà reçu, elle a cru, malgré ce malheureux contre-temps, devoir tenir son engagement envers le facteur, qui est arrivé sur ces entrefaites, pour le faire monter et le mettre en état de service, à quoi on travaille actuellement. (a)

_____

(a) On a commencé à jouer de cet Orgue le deuxième Dimanche de janvier 1811.

LISTE

Des Curés de la Paroisse de St.-Michel-des-Lions de Limoges.

Extraite de divers Titres et autres Documens, imprimés et manuscrits.

— ❋ —

Avant le XIVe. Siècle, on trouve

Raymond la Villette, mort le 19 ou 20 mai 1...

Chatardus, ou *Chatard Marteau* (*Martelli*), mort le 21 février ou le 22 mai 1....

Thomas Lafon, mort le 11 décembre 1....

Helie Martelli.

Galhard de Molceone étoit *Chapelain*, (titre qui équivaloit alors à celui de *Curé*) des Eglises de St.-Michel-des-Lions et des Aresnes, dès-lors réunies, le mercredi 8 septembre 13...

Martial Bardini, ou *Vardini*, mort en 1376.

Étienne Grandis, Bachelier en l'un et l'autre Droit, étoit Curé le 26 septembre 1415. Il transigea ledit jour avec l'Abbé de St.-Martial et son Couvent,

Audoin

Audoin Audier; Bachelier en droit, siégeoit en 1425 et le 23 juin 1435.

N...... Curé de St.-Michel-des-Lions, en 1443.

Le Curé de St.-Michel, qui siégeoit en 1453, et qu'on ne nomme pas, étoit aussi Archidiacre de Combraille dans l'Eglise de Limoges.

Guillaume de Jouviond I, Chanoine de Saint-Étienne, Doyen de Rieupeyroux, Diocèse de Rhodez, étoit Curé de St.-Michel-des-Lions, vers 1458 et vivoit encore le 20 avril 1475.

Michel de Jouviond II, Chanoine de St.-Étienne, Curé de St.-Michel et de St.-Pierre-du-Queyroix, en 1494.

Jacques de Jouviond III; Bachelier en droit, Chanoine, de St.-Étienne, etc., étoit Curé de St.-Michel, en 1497 et 1499.

Jean Choumy; Curé de St.-Michel, étoit mort en 1540, (on ignore l'époque fixe où il a siégé)

Guillaume de Jouviond IV, Bachelier en droit, Abbé Commendataire de Saint-Martin-lez-Limoges, étoit Curé de St.-Michel, le 5 janvier 1509, mourut en 1544.

Noble M.ᵉ *Marin de Jouviond V,* étoit Curé et avoit un Vicaire-général, le 12 juin 1550.

Guillaume Boyer; Curé de St.-Michel, donna procuration pour résigner, ou se démettre entre les mains de l'Abbé de St.-Martial, le 29 juin 1594.

Antoine Jasse, Bachelier en droit, natif du Diocèse de Limoges, fut nommé par le Vicaire-Général de l'Abbé de St.-Martial, à la Cure de St.-Michel, le 27 juillet 1594.

Gaspard Vernajoul, ou *Vernejoula*, siégeoit le 5 septembre 1594, est dit Assesseur de l'Official-Général, et Curé de St.-Michel-des-Lions, le 22 décembre 1605.

Henry Martin I, Conseiller, Aumônier du Roi, Prieur du Prieuré Conventuel de l'Artige, étoit Curé de St.-Michel, les 10 février et 9 août 1627.

Pierre Du Verdier, Bachelier en Droit Canon, Prieur de St.-Hilaire, Diocèse d'Angoulême, Chanoine de St.-Martial de Limoges, étoit Curé de St.-Michel-des-Lions, en 1639 et 1651.

Jean Barny, Docteur en Théologie, siégeoit le 30 septembre 1673.

Charles Manoury, nommé par l'Abbé de St.-Martial.

Noël Drouet, nommé par l'Evêque.

Martial Moulinier, contestoit les titres des deux précédens.

Plaidoient le 10 octobre 1685.

Noël Drouet, fut maintenu, parce que l'Abbé de St.-Martial n'avoit pas encore obtenu ses Bulles, ni l'institution Canonique, quand il avoit nommé *Manoury*. *Drouet* ou *Drouhet* est qualifié

Docteur en Théologie, dans un acte du 22 septembre 1686.

Pierre Bailhot, Docteur en Théologie, Vicaire, puis Chanoine de l'Eglise de Limoges, étoit Curé de St. – Michel – des – Lions, dès le 24 juin 1695. Dans un acte du 13 octobre 1696, il est qualifié Curé de St. – Michel, Abbé Commendataire de l'Abbaye royale de Notre-Dame-la-nouvelle-lez-Gourdons, fut élu Administrateur de l'Hôpital général de Limoges, en 1711, mourut en 1735.

Martial d'Artigeas, Docteur de Sorbonne, Chanoine de St. – Martial, Vicaire – Général du Diocèse, et Supérieur local des Carmélites de Limoges, céda la Cure de St.–Pierre-du-Queyroix, pour être Curé de St.–Michel, où il siégeoit le 11 juin 1739, et mourut en 1748.

N...... *Malevergne*, Docteur en Théologie, Chanoine de St.–Martial, étoit Curé de Saint-Michel, le 13 octobre 1749, mourut en mars 1753.

Pierre Chastaignac, Vicaire de St.-Pierre-du-Queyroix, puis Curé de Tarn et Aixe, fut transféré à la Cure de St.-Michel-des-Lions, en 1753, et mourut en octobre 1764.

Antoine Léonard-de-Fressanges, Docteur de Sorbonne, d'abord Vicaire de St.-Michel, puis Chanoine-Théologal de St.-Martial, fut nommé à la Cure de St.-Michel en octobre 1764, y siégeoit le 13 août 1765 et mourut en janvier 1772.

Pierre Martin II, licencié de Sorbonne, d'abord Vicaire de cette Paroisse, puis Curé de Sainte-Félicité, et successivement Sous-Principal ou Préfet du Collège Royal de Limoges, en 1762, ensuite Chanoine – Théologal de St.-Martial, en 1764; nommé à la Cure de St.-Michel en janvier 1772. Déporté en Italie, pendant la révolution, rentré à l'époque du Concordat, en 1802, mourut le 16 janvier 1803.

Jean-Baptiste Vitrac, d'abord Vicaire de Saint-Pierre, ensuite Professeur, puis Sous-Principal, et enfin Principal du Collège Royal; et, depuis, Curé de Montjovis et Promoteur de la Métropole, déporté en Espagne pendant la révolution, rentré en France à l'époque du Concordat, fut nommé à la Cure de St.-Michel-des-Lions, après la mort de Mr. *Martin*, le 23 janvier 1803, et mourut le 27 avril 1805.

Jean-Baptiste Montégut, ancien Curé d'Uzurat, déporté en Italie pendant la révolution, rentra en France à l'époque du Concordat; fut nommé à la desserte de la Succursale d'Isle, près Limoges, le 23 janvier 1803, et ensuite à la Cure de St.-Michel-des-Lions, le premier novembre 1805, prit possession le premier janvier 1806, et siège en décembre 1810.